Gebete und Meditationen
Beten in Gemeinschaft anderer Beter

Herausgegeben von Rainer Brunst
und Rudolf Hubert

FSC
www.fsc.org
MIX
Papier aus ver-
antwortungsvollen
Quellen
Paper from
responsible sources
FSC® C105338

Inhalt   Seite

Heiko Hasan Hoffmann (islamisches Zentrum – Schiiten),
Rainer Brunst, Frau Regionalpastorin Ariane Baier,
Rudolf Hubert (Interreligiöser Dialog Schwerin)
am Tag der Kulturen, 4. Mai 2019, in Schwerin

Grußwort

Unsere Landeshauptstadt Schwerin ist ein Ort der Vielfalt. In ihr leben Menschen aus über 100 unterschiedlichen Ländern. Sie gehören unterschiedlichen Kulturen und Religionen an. Es bleibt eine dauerhafte Aufgabe, diese Vielfalt zu leben, für Offenheit und Toleranz, für ein friedliches Zusammenleben Menschen unterschiedlicher Herkunft und Religion. Eine wichtige Bedeutung hat dabei der Interreligiöse Dialog der Landeshauptstadt Schwerin. Hier treffen sich die Vertreter der abrahamitischen Religionen seit über 15 Jahren in regelmäßigen Abständen zu einem gegenseitigen Austausch. Ich bin in den vergangenen Jahren sehr gerne Gast bei diesen Veranstaltungen gewesen und konnte feststellen, wie dieser Dialog sich bemüht um ein friedliches Miteinander von Menschen unterschiedlicher Herkunft und Religionen. Sehr schätze ich den Beitrag des Dialoges für die Eröffnung der Interkulturellen Wochen in der Landeshauptstadt Schwerin, die offenen Foren und den traditionellen Begegnungsnachmittag der Religionen.

Bei den Treffen des Interreligiösen Dialogs hat sich als eine Möglichkeit des Nachdenkens das Gebet in Gegenwart anderer Beter als fester Bestandteil herauskristallisiert. Jeweils ein Vertreter des Judentums, des Christentums und des Islam bereitet sich darauf vor, indem er einen Text heraussucht und ihn dann vorträgt. Dabei bleibt das Eigene der jeweiligen Religion gewahrt, aber für die anderen wird der Blick geöffnet, was ist das Einende? Dabei kann entdeckt werden, dass ein Handeln für das Wohl des Nächsten und für den Frieden ein einigendes Band ist. Ich begrüße es sehr, dass der Interreligöse Dialog diese Texte gesammelt hat und eine sehr gute Auswahl aus allen drei abrahamitischen Religionen zustande gekommen ist. Besonders die spirituelle Kraft der Religionen, die in den Gebeten und Meditationen wieder zu finden ist, begeistert mich immer wieder aufs Neue. Ihr Geist kann in dem nun vorliegenden Band gespürt werden.

Über 50 unterschiedliche Beiträge aus dem Judentum, dem Christentum und dem Islam sind es geworden. Sie alle haben das Ziel: Menschen in der heutigen Zeit Anregungen und Impulse zu geben. Aber auch die Augen zu öffnen, um Vorurteile überwinden zu helfen. Zugleich kann auch der nichtreligöse Mensch daraus Denkanstöße erhalten. Darum wünsche ich diesem Buch, dass es seinen Beitrag leistet für ein friedliches Zusammenleben, für Offenheit und Toleranz von Menschen unterschiedlicher Herkunft, Kultur und Religion in Schwerin als Ort der Vielfalt und darüber hinaus.

Stadtpräsident von Schwerin

Stephan Nolte

Einführung

„Gebete und Meditationen – Beten in Gemeinschaft anderer Beter" ist der Titel der hier zusammengestellten Sammlung von unterschiedlichen Gebeten und Texten aus Judentum, Christentum und Islam. Diese Texte sind zunächst aus der Praxis entstanden. Christen, Juden und Muslime in Schwerin treffen sich regelmäßig, um miteinander ins Gespräch zu kommen, um einen echten Dialog zu führen. Da gibt es Gemeinsamkeiten, aber auch Unterschiede. Am Anfang dieser Treffen steht immer das sogenannte geistliche Wort, das jeweils im Wechsel der Religionsgemeinschaften vorbereitet und durchgeführt wird. Es lädt ein zum Beten in Gemeinschaft anderer Beter. Dabei sind alle Teilnehmerinnen und Teilnehmer darauf bedacht, im Dialog einander Impulse für die heutige Zeit zu geben. Es ist schon erstaunlich, anhand einiger weniger Texte feststellen zu können, wie nahe sich – bei allen Unterschieden – eigentlich die Religionen sind. Allein das ist ein sehr ermutigendes Zeichen,

In unserer heutigen Zeit ist echter Dialog besonders notwendig, angesichts der Herausforderungen durch die Bewältigung der Flüchtlingssituation, der Integrationsbemühungen und der Tatsache, dass Fremdenfeindlichkeit und Ausländerhass sowie Feindlichkeit gegenüber anderen Religionen zunehmend geschürt werden. Das kleine Buch mit seiner Sammlung von 50 Gebeten und Meditationen kann einen echten Beitrag dazu leisten, dass sich Menschen aus verschiedenen Religionen besser verstehen, einander achten und schätzen lernen in all ihrer Vielfalt. Diese soll als Fülle und Reichtum bedacht und erfahrbar gemacht werden.

Außerdem soll unser *Gebetbuch* Menschen anregen, ja neugierig machen auf die Wirklichkeit von Religion, weil wir in einer Zeit und Region leben, wo scheinbar Religion keine oder nur eine sehr untergeordnete Rolle im Alltag zu spielen vermag. Es bietet zugleich Anregungen und Impulse auch für all diejenigen, die anfangen wollen, in ihrem interreligiösen Kreis das Beten in Gemeinschaft anderer Beter zu praktizieren. Darum wechseln längere Texte bewusst ab mit sehr kurzen, die eher einem Aphorismus gleichen als einem Gebet. Gerade auch in den kurzen Impulsen stecken wichtige Anregungen, besonders auch für jene Menschen, die sich noch schwer tun mit dem Gebet. Sie dienen der Einübung und sind gleichsam als Einstieg gedacht, sich auf eine zunächst ungewohnte und neue Wirklichkeit unbefangen einzulassen.

Wir danken allen Repräsentanten der verschiedenen Religionsgemeinschaften in Schwerin, die durch ihr Mitwirken zum Zustandekommen dieser Sammlung ihren Beitrag geleistet haben: Sie kommen aus der Jüdischen Gemeinde, dem Islamischen Bund Schwerin e, V., dem Islamischen Zentrum Schwerin e.V., der Katholischen Pfarrei St. Anna und den Evangelischen Kirchen.

Rainer Brunst   *Rudolf Hubert*

Schwerin, den 11.02.2019

Gebete und Meditationen

Aus dem Judentum

Das Gebet im Judentum umfasst die Rezitationen von Gebeten und die traditionellen jüdischen Meditationsweisen, die Teil der religiösen Regeln des rabbinischen Judentums sind. Die Gebete, die oft mit Anweisungen und Kommentaren versehen sind, finden sich im Siddur, dem traditionellen jüdischen Gebetbuch. Gebet – als ein Herzensdienst – ist grundsätzlich betrachtet ein auf der Tora beruhendes Gebot. Seit der Zeit des zweiten Jerusalemer Tempels werden drei Gebete am Tag gebetet: Das Morgengebet, das Mittagsgebet (Nachmittagsgebet) und das zusätzliche Gebet vom Abend.

In der rabbinischen Literatur und in der jüdischen Philosophie wird hervorgehoben, dass das hebräische Verb hitpallel, deutsch ‚beten‘ die reflexive Form von palal, deutsch ‚richten, urteilen‘, ist. Folglich vermittelt Beten den Sinn, sich selbst zu beurteilen: Der eigentliche Sinn des Gebets – tefilah – ist unsere Verwandlung.

Dieser etymologische Sinn passt zu der jüdischen Auffassung von Gottes Einfachheit. Nicht Gott ändert sich durch das Gebet, der Mensch kann ihn nicht so wie ein Rechtsanwalt den Richter beeinflussen, sondern der Mensch selbst ändert sich.

Der rationalistische Ansatz über den Sinn des Gebetes ist der, dass der Mensch sich ganz auf Gott konzentrieren kann, wobei das Gebet als philosophische und intellektuelle Kontemplation aufgefasst wird.

Der erzieherische Ansatz sieht das Gebet nicht als Gespräch. Es soll Haltungen im Betenden verstärken oder erzeugen, ihn aber nicht beeinflussen.

Mahnung an die Weisen

Abtalion sprach:
Ihr Weisen, seid vorsichtig in euren Worten!
Ihr könnte der Strafe der Verbannung schuldig und nach einem Ort mit bösem Wasser verbannt werden, und es könnten die Schüler, die euch folgen, davon trinken und sterben.
Dann wäre der Name Gottes entweiht.
Ihr Weisen, seid vorsichtig in euren Worten, damit keine falsche Lehre aus denselben gefolgert werden kann.
Ihr könntet der Strafe der Verbannung schuldig werden, d. h. auswandern müssen,

und nach einem Orte mit bösem Wasser verbannt werden, d. h. wo es Menschen gibt, die absichtlich oder unabsichtlich den Sinn eurer Worte verdrehen, und wo selbst auch kein garstiger Führer existiert, der jeder irrigen Ansicht sogleich entgegentreten würde.
Die Schüler, die nach euch kommen, könnten davon trinken und sterben, auf Irrwege geraten.

Dann wäre der Name Gottes entweiht, durch jene Irrlehren, welche auch später, weiter verderblich wirkend, erhalten bleiben. (1)

Der erste Schritt zur Umkehr

Der erste Schritt zur Umkehr, der der wesentlichste, gleichzeitig aber auch der Schwerste ist, ist das Bekenntnis oder vielmehr das Eingeständnis vor sich selbst, dass man gesündigt hat. Nicht Gott braucht dieses Gestehen oder Bekennen, denn Gott kennt uns ganz und gar und tatsächlich sogar viel besser, als wir uns selbst kennen. Aber wir selbst haben das ehrliche und offene Bekenntnis nötig. Wir müssen es uns selbst gestehen, dass wir falsch gehandelt haben.

Wenn jemand denkt: "Ich werde sündigen und dann umkehren, wieder sündigen und dann umkehren", dann wird es ihm nicht glücken, umzukehren. Wenn jemand denkt: „Ich will sündigen, der Versöhnungstag wird mir Sühne bringen", dann wird der Versöhnungstag ihm keinen Lohn bringen. Der Versöhnungstag kann nur die Sünden sühnen, die der Mensch gegen Gott begangen hat. Für Sünden gegen Mitmenschen kann der Versöhnungstag keine Sühne bringen, nicht eher, als man sich mit dem Mitmenschen versöhnt hat. (2)

Lehre und Weisheit

Rabbi Elasar, Asarjas Sohn, sagte:
Wo keine Lehre ist,
das ist keine gute Sitte,
wo keine gute Sitte,
da ist keine gute Lehre.
Wo keine Weisheit,

da ist keine Furcht;
wo keine Furcht,
da ist keine Weisheit.
Wo kein Erkennen,
da ist kein Verstehen;
wo kein Verstehen,
da ist auch kein Erkennen.
Wo kein Mehl ist,
da ist keine Lehre;
wo keine Lehre,
da ist kein Mehl.
Derselbe pflegte zu sagen:
Wem gleicht der,
dessen Weisheit größer ist als seine Werke?
Einem Baum mit vielen Zweigen,
aber wenig Wurzeln;
kommt ein Sturm,
so entwurzelt er ihn und wirft ihm um.
Wem aber gleicht der,
dessen Werke mehr sind als seine Weisheit?
Einem Baum mit wenig Zweigen,
aber viel Wurzeln.
Kommen selbst alle Stürme der Welt
und stoßen auf ihn,
sie können ihn nicht von seinem Platze rücken. (3)

Wer ist ein Weiser?

Somas Sohn sagte:
Wer ist ein Weiser?
Der von allen Menschen lernt,

denn es heißt: (Ps. 119,99):
„Durch alle meine Lehrer ward ich klug."
Wer ist ein Held?
Der seine Leidenschaften besiegt;
Denn es heißt (Spr. 16, 32):
„Der Langmütige ist tapferer als der Held
und der Sieger über seine Leidenschaft stärker
als der Städteeroberer."
Wer ist reich?
Der sich seinem Teil begnügt;
Denn es heißt (Ps. 128, 2):
„Issest du von deiner Hände Arbeit, heil dir!
Dir geht es gut."
Heil dir in dieser Welt
Und dir geht es gut in der künftigen.
Wer ist geehrt?
Der die Menschen ehrt,
denn es heißt (1. Sam. 2,30):
„Die mich ehren, ehre ich,
und die mich verachten, werden verachtet."
Des Assai Sohn sagte:
Eile zu einem leichten Gebot,
und flieh die Sünde!
Die eine Gebotserfüllung zieht die andere nach sich,
und die eine Sünde die andre.
Der Lohn für die Gebotserfüllung ist weitere Gebots-
erfüllung. und der Lohn der Sünde ist weitere Sünde.
Derselbe sagte:
Verachte keinen Menschen, und halt nichts für unmög-
lich!
Denn jeder Mensch hat seine Zeit und jedes Ding seine
Stelle. (4)

Körper und Seele im Gericht

Antonius sprach zu Rabbi: Körper und Seele können sich beide von der Strafe befreien; der Körper kann sagen, die Seele hat gesündigt, denn seitdem sie ihn verlassen hat, liegt er wie ein Stein im Grabe (und ist machtlos, zu sündigen), und die Seele kann sagen, der Körper hat gesündigt, denn, seitdem sie ihn verlassen hat, schwebt sie wie ein Vogel in der Luft (und begeht keine Sünde).

Dieser erwiderte ihm: Ich will dir ein Gleichnis sagen. Ein König von Fleisch und Blut hatte schöne Früchte in seinem Obstgarten, in dem er zwei Wächter angestellt hatte, einen blinden und einen lahmen.
Da sprach der Lahme zum Blinden: Ich sehe schöne Frühfrüchte im Garten, komm, laß mich auf dir reiten, und wir holen sie uns und essen. Darauf setzte sich der Lahme auf den Blinden, und sie holten sie und aßen.

Nach Verlauf von Tagen kam der Eigentümer des Obstgartens und fragte sie, wo die schönen Frühfrüchte hingekommen seien. Sprach der Lahme: Habe ich denn Füße, um gehen zu können? Sprach der Blinde: Habe ich denn Augen, um sehen zu können? –
Was tat er? ER setzte den Lahmen auf den Blinden und bestrafte sie zusammen. So tut der Heilige, gelobt sei er, er holt die Seele und bringt sie zurück in den Körper rund bestraft sie zusammen, wie es heißt (Ps. 50. 4): Er ruft den Himmel droben und die Erde, um mit seinem Volk zu rechten." (5)

Aus dem Abendgebet

Lass uns zur Ruhe gehen, Ewiger, unser Gott, zum Frieden, und lass uns wieder aufstehen, unser König, zum Leben.
Breite über uns die Hütte deines Friedens, stärke uns mit deinem guten Rat, hilf uns um deines Namens willen!
Schirme uns und wehre von uns ab jeden Feind, Pest und Schwert, Hunger und Kümmernis.
Wehre ab jeden Widersacher vor uns und uns im Rücken, birg uns im Schatten Deiner Flügel!
Denn ein allmächtiger Hüter und Retter bist Du, gnädig und barmherzig bist Du, allmächtiger König.
Behüte unsern Ausgang und unsern Eingang zum Leben und zum Frieden von nun an bis in Ewigkeit!
Breite über uns die Hütte Deines Friedens.
Gepriesen sei Du Ewiger, der die Hütte des Friedens breitet über uns und über sein Volk Israel und über Jerusalem. (6)

Die Freiheit

Es lehrte Rabbi Chanina bar Papa: Jener Engel, der über die Schwangerschaft gesetzt ist, heißt Nacht, denn so heißt es (Hiob 3,3): „Denn die Nacht sprach, ein Männlein wurde empfangen." Er nimmt den Tropfen, stellt ihn vor den Heiligen, gelobt sei er, und er spricht zu ihm: Herr der Welt, dieser Tropfen, was soll aus ihm werden? Ein Held oder ein Schwacher, ein Weiser oder ein Narr, ein Reicher oder ein Armer? Aber ob ein Böser oder ein Frommer, davon spricht er nicht. Das nach der Lehre des

18

Rabbi Chanina, der sprach: Alles ist in der Hand des Himmels, nur nicht die Furcht vor dem Himmel, denn so heißt es: "Und nun Israel, was verlangt der Ewige, dein Gott, von dir, außer dass du ihn fürchtest." (7)

Gott betet

Es sprach Rabbi Jochanan im Namen von Rabbi Jose: Woher weiß ich, dass der Heilige, gelobt sei er, betet? Es heißt (Jes. 56,7): "Ich werde sie bringen auf meinen heiligen Berg und werde sie erfreuen im Haus meines Gebets." Im Hause ihres Gebets heißt es nicht, sondern meines Gebets, daher, dass der Heilige, gelobt sei er, betet. Was betet er? Es sprach Rav Sutri, der Sohn des Tobia, im Namen von Rav: Möge es der Wille von mir sein, dass meine Liebe meinen Zorn besiege, und möge meine Liebe über meine Eigenschaften kund tun, dass ich meine Kinder leite in Liebe und mit Nachsicht mit ihnen umgehe. (8)

Das Gottesreich

„Das Reich des Messias, das ist das Gottesreich. Nicht ein persönlicher Herrscher ist der Messias, nicht ein Heroe, aber der Geist Gottes ruht auf ihn, und er bringt den Völkern das Recht. In den Tagen des Messias erhoffen wir die Aufrichtung des Gottesreiches, in dem Gottes Herrschaft allein die Wirklichkeit bestimmt. Wie sehr immer unser ältestes Schrifttum bereits die Stiftung von Recht und Gesetz und so die Anerkennung des Staates klar und tief begründet hat, so weist doch über alle Recht, Gesetze und Staaten der Wirklichkeit hinaus die Staatsidee der messianischen Zukunft. Diese Bedeutung hat das Gottesreich als das Ideal der Weltgeschichte. Und dieses Ideal ist im strengsten Sinne das ethische Ideal. Wie sehr immer die Propheten mit ihrer poetischen Phantasie den Naturfrieden im Völkerfrieden besingen und der Psalmist auch die Unschuld der Lebensfreuden in dieses Zukunftsbild hineinwebt, so hat auch hier wiederum Maimonides vor der Gefahr des Eudämonismus gewarnt. Nicht ein Schlaraffenland nicht ein Utopien sollte den geschichtlichen Begriff der messianischen Zeit entstellen; aber allerdings fordert er mit Klarheit die unerlässliche Bedingung: dass die Bedürfnisse des materiellen Lebens den Pflichten der geistigen Kultur keine Hemmung mehr bereiten dürfen. So wird in unserer Glaubenslehre das soziale Problem in aller seiner Schärfe wohl erkannt und aus dem ethischen Schwerpunkt herausgelöst. ... Ein Wort, welches der Gesellschaft entspringt, mithin dem bloßen Verhältnis von Mensch zu Mensch, ein solches Wort könnte unser religiöses Gefühl für Staat und Gesellschaft nicht befruchten. Unser religiöses Denken und Fühlen bewegt im letzten Grunde beständig der Gedanke, der Glaube an das Gottesreich als den Zweck der Weltgeschichte, den kein Zeitalter und keine Verirrung vereiteln und vernichten kann. ... So erklärt sich auch die rabbinische Bestimmung, dass bei dem Ausrufen des Bekenntnisspruches: "Höre Israel" im einzigen Gotte zugleich mitgefühlt werden soll der Wille zur Hingabe des Lebens an ihn. Und diese Hingabe muss nicht allein die des Martyriums ein, sondern ebenso innig die Durch-

20

dringung aller menschlichen Aufgaben und Geschicke mit dem Gedanken: Gott und sein Reich.". (9)

Aus dem Christentum

Was ist das - *Gebet? Was versteht ein Christ unter Beten?*

Was das Gebet ist bzw. was das Gebet sein kann für einen Christen, das hat Karl Kardinal Lehmann in bewegenden Worten beschrieben in seiner Einführung einer Gebets-sammlung seines Lehrers Karl Rahner. Lehmann schreibt dort über das Gebet und dessen Verständnis seines Lehrers im Besonderen:

„Karl Rahner hat ein weites Verständnis von Gebet. Jede gemachte Erfahrung – des Freudigen und des Schrecklichen – weist über sich hinaus in das Land einer unbegrenzten Hoffnung, darin Gott wohnt. Einem Gesprächspartner antwortet er auf die Frage ‚Beten Sie?‘: ‚Ich hoffe, dass ich bete. Sehen Sie, wenn ich in meinem Leben immer wieder in großen und in kleinen Stunden eigentlich merke, wie ich an das unsagbare, heilige, liebende Geheimnis grenze, das wir Gott nennen, und wenn ich mich dem stelle, gleichsam auf dieses Geheimnis mich vertrauend, hoffend und liebend einlasse, wenn ich dieses Geheimnis annehme, dann bete ich – und ich hoffe, dass ich das tue.‘"

Lehmann sagt weiter:

„Beten ist also ein vielfältiges Zeugnis des Glaubens, der sich zur Sprache bringt".[1]

Darum bilden Leben und Glauben für den gläubigen Menschen eine untrennbare Einheit. Und darum ist es möglich, von der *„Not und dem Segen des Gebetes"*[2] nicht nur zu sprechen, sondern dies auch zu erfahren.

Um Gerechtigkeit und Brüderlichkeit

„Aber, o unbegreiflicher Gott, lass mich den Notschrei aller Geschichte fortsetzen: Die Geschichte unserer Taten sieht für unsere Augen nicht sehr deutlich so aus, dass man sie auch als dein Erbe erkennen kann. Vom Faustkeil, der Abel erschlug, bis zu den Gasöfen unserer Zeit: Nichts als unsägliche Gräuel, Schurkerei, Elend, Tod." (1)

„Gib darum allen Menschen überall den Mut und die Tapferkeit, einzutreten für den Frieden und für eine wirkliche Abrüstung. Gib der Kirche den Mut, nicht weise zu lehren, wie man die Egoismen der Menschen untereinander schlau versöhnen könne, sondern wie man für selbstlose Gerechtigkeit und mit der Torheit des Kreuzes für den Frieden eintreten muss und kann. Kehre das Herz der Mächtigen um, damit sie nicht lügnerisch

---

[1] „Beten mit Karl Rahner" – Freiburg-Basel-Wien 2004, Band 2, S. 9f
[2] Buchtitel von Karl Rahner in „Beten mit Karl Rahner" – Freiburg-Basel-Wien 2004, Band 1

Machtstreben für berechtigte Selbstverteidigung ausgeben, nicht sich und andere täuschen, indem sie sagen, sie dienten dem Frieden durch immer höher vorangetriebene Aufrüstung. Und schließlich lehre uns, in unserem eigenen Leben selbstlos den Frieden zu fördern. (2)

Wie schön, dass du mich siehst

Herr mein Gott, mein Vater im Himmel, wie schön, dass du mich siehst.
Du kennst mich.
Du siehst mich, wenn ich Angst habe, du siehst mich, wenn ich mich verstecke und nicht zugebe, was ich getan habe.
Du siehst mich, wenn ich allein bin und von großen Dingen träume und von dem Leben, das vor mir liegt.

Wie gut, dass du mich siehst!
Ich kann ja keinen Schritt tun, bei dem du mich nicht begleitest.
Ich kann kein Wort denken, das du nicht hörst, ehe ich es ausspreche.
Wie in zwei großen Händen hältst du mich. Ich bin darin geborgen, wie ein Vogel im Nest, und manchmal scheint mir, ich sei darin gefangen wie ein Vogel im Käfig.

Herr, manchmal ist mir unheimlich vor deiner großen Hand, in der ich gefangen bin, und ich möchte ihr gerne entrinnen.

Ich denke über die große Welt nach, über die künstlichen Monde, die die Menschen machen, über die Raumschiffe, die in den Weltraum hinausjagen, und denke mir, dass wir Menschen dich eigentlich nicht mehr nötig haben.

Aber während ich das denke, bist du um mich und ich bin in deinen beiden großen Händen.
Ich denke manchmal auch, es habe eigentlich gar keinen Sinn, dass es mich gibt.
Dann habe ich dieses Leben satt und würde es gerne wegwerfen, denn ich habe es mir nicht selber ausgesucht.
Aber ich weiß: Wenn ich mein Leben wegwerfe und zu den Toten komme, dann begegne ich dort doch wieder dir und ich bin wieder in deinen Händen gefangen und ich bin weder meinen Aufgaben noch dir entflohen.

Manchmal träume ich vom großen Leben, ich träume davon, reich oder schön oder mächtig zu sein, so dass mich die Menschen sehen und bewundern und von mir reden.
Nicht nur die in meiner Straße, sondern alle, alle Menschen in der ganzen Welt, dann kommt es mir so dumm und klein vor, das Leben, das ich führen soll, in dem es immer heißt:
Du sollst, du sollst nicht.
Du darfst, du darfst nicht.
Und ich möchte dem allen davonlaufen.

Aber ich weiß, das sind Träume.
Deine Hand ist stärker.
Deine Hand hält mich fest in meiner Schule

oder in meiner Arbeit
oder in Deinem Hause,
auf alle Fälle dort, wo meine kleinen Aufgaben sind.
Es ist gut Herrn, dass du mich festhältst.

Manchmal denke ich: Jetzt sieht mich niemand.
Kein Mensch sieht mich und auch du, Herr, bist nicht dabei.
Wenn es dunkel ist oder wenn die Vorhänge an meinem Fenster zugezogen sind.

Und doch weiß ich, wie dumm es ist, zu meinen, dass du Gott, das Tageslicht brauchst oder eine Lampe, um mich zu sehen, als ob du Augen hättest wie ein Mensch.

Aber es ist gut, Herr, dass du mich siehst.
Wie sollte ich leben können, wenn du nicht auf mich acht hättest, wenn du mit deinen großen Händen und mit deiner Liebe nicht immer und überall um mich her wärest?

Wenn ich mich selbst betrachte und meine Hand ansehe oder im Spiegel mein Gesicht oder meine Gestalt, dann weißt ich: Das alles hast du gemacht. Es ist gut, das zu wissen.

Ich weiß nichts davon, was mit mir geschehen ist, als ich klein war, als ich noch nicht gehen und noch nicht sprechen konnte.
Ich weiß auch nicht, wie es zuging, dass ich im Leib meiner Mutter wuchs.
Auch das hast du getan.

Aus deinen guten und großen Gedanken bin ich entstanden.

Gib mir Ehrfurcht in mein Herz und in meine Gedanken, Ehrfurcht vor dem Leibe, in dem meine Mutter mich getragen hat, und Ehrfurcht vor denen geheimnisvollen Gedanken.

Denn ich möchte dir danken für alles, was du mir gegeben hast, für meinen Leib, für Geist und Seele, für meine Geschicklichkeit und meine gesunde Kraft.

Ich möchte dir für vieles andere mehr danken.

Ich danke dir, dass du meinen Weg bestimmt hast und nicht der Zufall, nicht die Sterne, die die Leute um mich her befragen, auch nicht die fremde Macht, die wir das Schicksal nennen.

Ich danke dir für jeden Tag, den ich erlebe, denn er kommt aus deiner guten Hand.

Ich bitte dich, mein Gott, hilf mir, dass ich mich nicht beklage, wenn ich nicht so begabt, nicht so schön oder nicht so gesund bin wie andere.

Lass mich dankbar sein, dass du mich so gemacht hast, wie ich bin, lass mich dankbar sein und dich preisen. (3)

Gottesnot in unserer Zeit

„,Unsere Zeit leidet an einer Gottesnot', so bemerkt Karl-Heinz Weger, Ordensmitbruder und Freund von Karl Rahner, ,die von vielen einfach als das Ausbleiben jedweder religiöser Erfahrung nur zur Kenntnis genommen, nur noch registriert wird.' Dabei ist der heutige Mensch nicht mehr, wie dies etwa bei Nietzsche noch

26

durchklingt, stolz darauf, Gott „getötet" zu haben. Er empfindet aber auch den Schmerz der Gottesnot nicht mehr überwältigend. Die heutige Gottesnot ist eher schweigsam geworden. Mir scheint sie oft genug als die Glaubensnot von vielfach verängstigten, verunsicherten, einsam geworden Menschen; von Menschen, die getröstet sein möchten und doch die Trostlosigkeit wählen; von Menschen, die einen Sinn ihres Lebens suchen und nur Leere finden; von Menschen auch, die wohl glauben möchten, wenn sei nur wüssten, wie das geht." (4)

Gebet um Verstand und Weisheit

Gewähre mir, ich bitte dich, Allmächtiger und Allerbarmer Gott die Gnade, glühend zu sehen, weise zu erforschen und vollkommen zu erfüllen, was immer wohlgefällig ist vor dir.
Lenke meinen Weg in der Weise zu Ruhme deines Namens. Und gewähre mir für alles, was du von mir langst, die rechte Einsicht, Willen und Vermögen, dass ich es so vollbringe, wie ich soll, und lass meinen Weg zu dir, ich bitte dich, sicher, gerade und vollkommen sein bis zum Ende. Gib mir, o Herr, ein festes Herz, das keine unwürdige Leidenschaft niederzieht, gib mir ein unüberwindliches Herz, das keine Trübsal niederbeugt, gib mir ein aufrechtes Herz, das kein niedriges Streben auf Abwege bringen kann. ‚Erfülle mich auch, o Herr, mein Gott, mit Verstand, dich zu erkennen, mit Eifer dich zu suchen, mit Weisheit dich zu finden, und einer Treue, dass ich am Ende dich umarmen darf. Amen.'
Thomas von Aquino (5)

Herr mache mich zum Werkzeug deines Friedens

O Herr, mach mich zu einem Werkzeug deines Friedens: dass ich Liebe übe, wo man sich hasst, dass ich die Wahrheit sage, wo der Irrtum herrscht, dass ich den Glauben bringe, wo der Zweifel drückt, dass ich die Hoffnung wecke, wo Verzweiflung quält, dass ich dein Licht anzünde, wo die Finsternis regiert, dass ich Freude mache, wo der Kummer wohnt.
Ach Herr, lass du mich trachten, nicht, dass ich getröstet werde, sondern dass ich tröste, nicht dass ich verstanden werde, sondern dass ich verstehe, nicht, dass ich geliebt werde, sondern dass ich liebe. Denn wer sich hingibt, der empfängt, wer sich selbst verliert, der findet, wer verzeiht, dem wird verziehen, und wer da stirbt, der erwacht zum ewigen Leben" (6)

Gebet – veröffentlicht von der „Vereinigung Souvenir Normand"; fälschlich Franz von Assisi zugeschrieben.

Das Leben der Gemeinde

Brief des Apostels Paulus an die Römer, Kap. 12:
9 Die Liebe sei ohne Falsch. Hasst das Böse, hängt dem Guten an.

10 Die brüderliche Liebe untereinander sei herzlich. Einer komme dem andern mit Ehrerbietung zuvor.

11 Seid nicht träge in dem, was ihr tun sollt,
Seid brennend im Geist. Dient dem Herrn.

12 Seid fröhlich in Hoffnung, geduldig in Trübsal, beharrlich im Gebet.

13 Nehmt euch der Nöte der Heiligen an, Übt Gastfreundschaft.

14 Segnet, die euch verfolgen, segnet, und verflucht sie nicht.

15 Freut euch mit den Fröhlichen, weint mit den Weinenden.

16 Seid eines Sinnes untereinander. Trachtet nicht nach hohen Dingen, sondern haltet euch zu den niedrigen. Haltet euch selbst nicht für klug.

17 Vergeltet niemandem Böses mit Bösem. Seid auf Gutes bedacht gegenüber jedermann.

18 Ist's möglich, soviel an euch liegt, so habt mit allen Menschen Frieden.

19 Rächt euch nicht selbst, meine Lieben, sondern gebt Raum dem Zorn Gottes; denn es steht geschrieben (5. Mose 32, 35): „Die Rache ist mein; ich will vergelten, spricht der Herr."

20 Vielmehr, wenn deinen Feind hungert, so gib ihm zu essen; dürstet ihn, so gib ihm zu trinken. Wenn du das tust, so wirst du feurige Kohlen auf sein Haupt sammeln (Sprüche 21; 21-22)

21 Lass dich nicht vom Bösen überwinden, sondern überwinde das Böse mit Gutem. (7)

Gebet eines Naturforschers

Groß ist unser Herr, und große seine Macht
und seine Weisheit ohne Ende.
Lobet ihn ihr Himmel,
lobet ihn, Sonne, Mond und Planeten
in der Sprache, die euch gegeben ist,
euren Schöpfer zu loben.

Lobt ihn, ihr himmlischen Chöre,
lobt ihn, ihr Beurteiler dieser Harmonien,
und auch du, meine Seele, singe,
singe die Ehre des Herrn,
solange es dir vergönnt ist.
Von ihm durch ihn und zu ihm sind alle Dinge,
das, was wir noch nicht kennen,
und das, was uns bekannt ist.
Ihm sei Lob, Ehre und Preis
von Ewigkeit zu Ewigkeit.

Wir danken dir, Schöpfer und Herr,
dass du uns diese Freude an deiner Schöpfung,
das Entzücken über die Werke deiner Hände
geschenkt hast.
Wir haben die Herrlichkeit deiner Werke
Den Menschen kundgetan,
soweit unser endlicher Geist
deine Unendlichkeit zu fassen vermochte.

Wo wir etwas gesagt haben
Was deiner unwürdig ist,
oder wo wir der eigenen Ehre nachgetrachtet haben,
das vergib uns in Gnaden.

Johann Kepler (8)

Möchte ich nie verzweifeln

Dag Hammerskjöld – Mystiker und Politiker:
„Ich weiß nicht, wer – oder was – die Frage stellte. Ich weiß nicht, wann sie gestellt wurde, Ich weiß nicht, ob ich antwortete. Aber einmal antwortete ich ja zu jemanden oder zu etwas. Von dieser Stunde her rührt die Gewissheit, dass das Dasein sinnvoll ist und dass darum mein Leben, in der Hingabe ein Ziel hat. Seit dieser Stunde habe ich gewusst, was das heißt, ,nicht hinter sich zu schauen', nicht für den anderen Tag zu sorgen.'"

Aus seinem geistlichen Tagebuch

„Du, der du über uns bist,
Du, der einer von uns ist,
Du, der ist –
Auch in uns:
Dass alle dich sehen – auch in mir,
dass ich den Weg bereite für dich,
dass ich danke für alles, was mir widerfuhr.
Dass ich dabei nicht vergesse der anderen Not.
Behalte mich in deiner Liebe,
so wie du willst, dass andre bleiben in der meinen.

Möchte sich alles in diesem meinem Wesen zu deiner
Ehre wenden,
und möchte ich nie verzweifeln.
Denn ich bin unter deiner Hand,
und alle Kraft und Güte sind in dir.
Gib mir einen reinen Sinn – dass ich dich erblicke,
einen demütigen Sinn – dass ich dich höre,
einen liebenden Sinn – dass ich dir diene,
einen gläubigen Sinn – dass ich in dir bleibe." (9)

Die Versöhnungslitanei von Coventry

*Alle haben gesündigt und ermangeln des Ruhmes, den sie
bei Gott haben sollten.*

Den Hass, der Rasse von Rasse trennt, Volk von Volk,
Klasse von Klasse,

Vater, vergib.

Das Streben der Menschen und Völker zu besitzen, was
nicht ihr Eigen ist,

Vater, vergib.

Die Besitzgier, die die Arbeit der Menschen ausnutzt und
die Erde verwüstet,

Vater, vergib.

Unseren Neid auf das Wohlergehen und Glück der
Anderen,

Vater, vergib.

Unsere mangelnde Teilnahme an der Not der Gefange-
nen, Heimatlosen und Flüchtlinge,

Vater, vergib.

Die Gier, die Frauen, Männer und Kinder entwürdigt und
an Leib und Seele missbraucht,

Vater, vergib.

Den Hochmut, der uns verleitet, auf uns selbst zu vertrau-
en und nicht auf Gott,

Vater, vergib.

*Seid untereinander freundlich, herzlich und vergebet
einer dem anderen,
wie Gott euch vergeben hat in Jesus Christus.* (10)

Pro Pope Francis

Offener Brief an Papst Franziskus

Hochgeschätzter Papst Franziskus!

Ihre Pastoralen Initiativen und deren theologische Begründung werden derzeit von einer Gruppe in der Kirche scharf attackiert.
Mit diesem öffentlichen Brief bringen wir zum Ausdruck, dass wir für Ihre mutige und theologisch begründete Amtsführung dankbar sind.

Es ist Ihnen in kurzer Zeit gelungen, die Pastoralkultur der katholischen Kirche von Ihrem jesuanischen Ursprung her zu reformieren.
Die verwundeten Menschen, die verwundete Natur gehen Ihnen zu Herzen. Sie sehen die Kirche an den Rändern des Lebens, als Feldlazarett. Ihr Anliegen ist jeder einzelne von Gott geliebte Mensch. Das letzte Wort im Umgang mit den Menschen soll nicht das Gesetz haben, sondern das Erbarmen.
Gott und seine Barmherzigkeit prägen die Pastoralkultur, die Sie der Kirche zumuten. Sie träumen von einer „Kirche als Mutter und Hirtin". Diesen Ihren Traum teilen wir.

Wir bitten Sie, von diesem eingeschlagenen Weg nicht abzuweichen und sichern Ihnen unsere volle Unterstützung und unser stetes Gebet zu.

Die Unterzeichner (11)

Glaube und Ethik

„Was trägt die Botschaft Jesu dazu bei, Frieden zu schaffen?... Das Unheimliche am Krieg ist, dass man die soziale Komponente der Psychologie, die Gruppendynamik, vor Augen sehen muss. Am Ende tun Menschen für ihre Gruppe die ungeheuerlichsten Dinge, aber sie tun sie mit dem Impuls der Kameradschaft, der Treue, der Hingabe, des Pflichtgefühls, mit lauter ethisch hochrangigen Motiven. Diese Missbrauchbarkeit im Ganzen muss deutlich werden, und da ist die Botschaft Jesu sehr wichtig: Es gibt kein Volk, das sich absolut setzen dürfte, keine Gottheit, die Nationalegoismen unterstützen könnte. Es gibt nicht ,unseren‘ Gott. Es gibt keinen gruppenspezifischen Gott, es gibt nur einen Gott für alle Menschen. Das ist Religion…Noch einen Schritt weiter… muss man sich um die Wirtschaftsstruktur kümmern. Auch da hat Jesus zum Reichtum und zum Geld kräftigere Worte gefunden als über den Teufel. Wie kann man eine Wirtschaftsform im Sinne Jesu aufbauen, so dass wir nicht die aggressivste Wirtschaftsform in Gestalt des Kapitalismus erhalten müssen im Aberglauben, am Ende Frieden erwarten zu können?“ (12)

Strukturen des Bösen

„...entweder man setzt am Menschen seine biologischen Antriebe als das Wesentliche und reduziert... sein Geistesleben auf die ,Verschleierung‘ gewisser ,primärer‘ Bedürfnisse...dann bleibt keine andere Hoffnung, als die... es möge eines Tages zur Lösung der Menschheitsfragen die gesamte... Therapie durch eine besondere Kenntnis von ‚besonderen chemischen Stoffen' ersetzt werden... die Selbstabschaffung der menschlichen Freiheit... fände dann ihre... Vollendung. Oder es müsste dem Menschen gelingen, die Angst seiner kontingenten Freiheit zu beruhigen in einer absoluten Freiheit, die ihm gegenübersteht und von der er sich getragen und gehalten weiß..." (13)

Menschsein im Kapitalismus?

„Aber die Frage kann nicht unterdrückt werden: wer ist schließlich das Subjekt dieses realen, materiellen Prozesses? Kein unbewusster, absoluter Geist, wie bei Hegel…Aber auch der Mensch nicht, der ja aus Not jenen Arbeitsprozess beginnt, der ihn in noch größere Not hineinführt, um ihn erst zuletzt zu erlösen. Wer also? Marx hat zu philosophieren aufgehört, als er Hegel entsagte; so wird die Sinnfrage im Ganzen nie mehr gestellt. Das Faktum, dass der Mensch ist, genügt. Dies Faktum selber erhellt kein Licht. So kann den Prozess schließlich nur eine absolute Notwendigkeit führen. Weder Gott noch Mensch, sondern die Logik der Sache, des Kapitals, dirigiert die Geschichte." (14)

Was weiß der Mensch wirklich?

„Mitten im Innersten des bindungslos gewordenen, des kirchen – und dogmenfreien Menschen stand unversehens eine Gewalt auf, die den scheinbar ganz frei

36

gewordenen Menschen bedrängte und verknechtete. In dem Maße, als er den äußeren Bindungen einer allgemein verpflichtenden Sitte, verpflichtender Grundsätze des Denkens und Handelns sich entzog, in dem Maße wurde er nicht eigentlich frei, sondern verfiel anderen Herrschaften, die von innen her ihn übermächtig überfielen: den Mächten des Triebes, den Mächten des Geltungsstrebens, des Machthungers, den Mächten der Geschlechtlichkeit und des Genusses und gleichzeitig den Ohnmächten der von innen her den Menschen aushöhlenden Sorge, der Lebensunsicherheit, des Sinnschwundes des Lebens, der Angst und der ausweglosen Enttäuschung…Er wollte ganz sich selbst entdecken und in sich die autonome Person von unantastbarer Würde – und hatte eigentlich nach aller Tiefenpsychologie und Psychotherapie und aller Existentialphilosophie und aller Anthropologie, in der sich alle Wissenschaften einfanden, um herauszubringen, was eigentlich der Mensch in seinen tiefsten Gründen und Untergründen sei, nur entdeckt, dass in den tiefsten Tiefen seines eigentlichen Wesens er eigentlich gar nicht – er sei, sondern ein unübersehbares, ungeheuerliches Chaos von allem und jedem, in dem der Mensch eigentlich nur so etwas ist wie ein sehr zufälliger Schnittpunkt dunkler, unpersönlicher Triebe…Weiß der Mensch von heute aus sich wirklich mehr von sich, als dass er eine Frage ist in eine grenzenlose Finsternis hinein, eine Frage, die nur weiß, dass die Last der Fragwürdigkeit bitterer ist, als dass der Mensch sie auf die Dauer erträgt?" (15)

Glauben im agnostischen Umfeld

„Wer einen konsequenten Horizontalismus vertreten wollte, müsste sich fragen…was vom Menschen übrigbleibt, wenn er nicht der Mensch Gottes ist. Ein solcher Mensch wäre eben doch nur das kurzlebige Produkt einer blinden Natur, ein Wesen, das zu seinem eigenen Unglück zum Bewusstsein seiner Endlichkeit gekommen ist." (16)

Sinn des Lebens

„Wenn jemand verzweifelt ist, fragt er sich, warum er überhaupt lebt; wenn jemand gelangweilt ist, fragt er sich, was für einen Sinn sein Leben haben soll. Nur wenn wir sehr glücklich sind, stellen sich derartige Fragen scheinbar gar nicht mehr, sondern beantworten sich von innen her wie von selbst, durch ein Gefühl der Sicherheit und der Geborgenheit im Dasein." (17)

Werte sind Wirklichkeiten

„Liebe, Treue und Verantwortlichkeit sind auch Wirklichkeiten, die von vielen skeptisch belächelt oder brutal geschändet werden. Für den, der sie aber in Freiheit ‚realisiert‘, haben sie dennoch eine innere Helligkeit und Selbstverständlichkeit, die den Liebenden, Treuen und Verantwortlichen selbst unabhängig machen von der flachen Meinung, die auf den Jahrmärkten des Lebens feilgeboten wird." (18)

Mensch der Sehnsucht

„Man sage nicht, man könne die Lehre des Christentums nur leben, wenn man von ihr schon überzeugt sei…Denn wir sind schon die Verfügten. Und es gibt keinen Menschen, der nicht schon in jener Wirklichkeit, die seiner Freiheit vorausgeht und von dieser endlichen Freiheit nie ganz eingeholt und nie ganz ausgetilgt werden kann, schon irgendwie Christ wäre: Mensch der Sehnsucht, Mensch der noch gebliebenen Liebe, Mensch, dessen Innerstes sich eben an der Wahrheit doch mehr erfreut als an der Lüge, der noch Unterschiede sieht, weil auch der schlimmste Positivist und skeptischste Materialist es nicht fertigbringt, nirgends in seinem Dasein mehr eine Forderung und einen Anruf zu sehen und zu vernehmen." (19)

Glaubenszugang I

„Es hat gegen Ende des 18.und im 19. Jahrhundert einen theoretischen und praktischen Atheismus gegeben, der wirklich so sträflich naiv und schuldhaft oberflächlich war, dass er behauptete, er wisse, es gebe keinen Gott. Etwas Anderes ist es mit dem ‚bekümmerten Atheismus', wenn wir das Phänomen, das wir im Aug haben, einmal so nennen wollen. Das Erschrecken über die Abwesenheit Gottes in der Welt, das Gefühl, das Göttliche nicht mehr realisieren zu können, das Bestürztsein über das Schwei-gen Gottes, über das Sichverschließen Gottes in seine eigene Unnahbarkeit, über das sinnleere Profanwerden der Welt, über die augen- und antlitzlose Sachhaftigkeit der Gesetze der Welt bis dorthin, wo es doch nicht mehr um die Natur, sondern um den Menschen geht – diese Erfahrung, die meint, sie müsse sich selbst theoretisch als Atheismus interpretieren, ist eine echte Erfahrung tiefster Existenz (wenn auch eine falsche Interpretation teilweise damit verbunden wird), mit der das vulgäre Denken und Reden des Christentums noch lange nicht fertig geworden ist." (20)

Glaubenszugang II

„Nur wenn wir es fertigbringen, zu begreifen und zu leben, dass Gott nicht unsere langsam als solche durchschaute Projektion, sondern wir selbst die in Eigenstand und Freiheit gesetzte Projektion Gottes sind, nur wenn uns dies gelingt, indem wir arglos und vertrauend entdecken, dass insgeheim unser Erstes und Letztes in uns immer schon so denkt und lebt und man sich darum auch in Freiheit darauf einlassen kann, erfahren wir die befreiende und seligmachende Macht der Botschaft vom lebendigen Gott, von seiner erlösenden Gnade, von seiner Vergebung und von seiner uns vergöttlichenden Liebe, die keine Frage mehr stellt, weil sie selbst die eine Antwort ist…

Ein zweites…Jesus. Das heißt, der Glaube, dass in der Geschichte unseres Lebens und der Welt in ihm die absolute Selbstzusage Gottes als des uns befreienden Lebens für uns greifbar und für immer festgemacht ist, in ihm, dem in den Tod Gegebenen und endgültig von Gott Angenommenen und Lebenden." (21)

Glaube und Menschenwürde

„'Aber kann nicht gerade die religiöse Begründung des menschlichen Daseins im Göttlichen eine illusionäre Selbsttäuschung sein?... Woher denn auch will er wissen, dass auch der Einzelne selber sich über sich irrt? Woher denn auch will er wissen, dass da eine Wirklichkeit jenseits der sinnlich erfahrbaren Realität überhaupt existiert?' – Einwände dieser Art melden sich auf Schritt und Tritt, und sie lassen sich nicht in rationalen Argumentationsmustern beantworten, sondern nur existentiell in einer Form gelebter Menschlichkeit, die sich begründet in eben jenem absoluten Glauben, der dem Personsein selber entstammt. Denn es ist wahr: inmitten der Gebrochenheit, Ambivalenz und Widersprüchlichkeit alles irdischen Daseins ist es nicht möglich, ein konsistentes Bild von sich selbst zu gewinnen…was ein jeder auf dem Wege der Persönlichkeitsreifung sucht und benötigt, ist deshalb eine absolute, unbedingte Bejahung seiner Existenz, wie sie im letzten kein Mensch einem anderen zu geben vermag, wie sie aber in jeder Begegnung in Freundlichkeit, Zuneigung und Liebe erahnbar wird; nur in ihr vermag der Spiegel des Bewusstseins sich zu klären und ein wahres Portrait des eigenen Ichs wiederzugeben. Dieser Verweis auf ein Absolutes an Bestätigung durchzieht alle persönliche Erfahrung unter Menschen. Inmitten des Stromes aus Zufälligkeit, Vergänglichkeit und Überflüssigkeit bedarf ein jeder Mensch eines Gegenübers, das ihn seiner Notwendigkeit, seiner Unvergänglichkeit und seiner Bedeutsamkeit versichert. Alle Gesetze der Natur können individuell nur eine Notwendigkeit erzeugen, die äußerlich bleibt und den Raum der Kontingenz nicht verlässt: 'Es muss dich nicht geben, aber auf Grund der Kausalität bestimmter Umstände gibt es dich halt'. Weiter als bis zu dieser 'Erklärung' der Existenz eines Menschen wird keine naturwissenschaftliche Begründung des Daseins gehen; benötigt aber wird eine Notwendigkeit, die will, *dass* es diesen Einzelnen gibt, – eine Daseinsbegründung in Freiheit. Nur ein absolutes Ich ist imstande, die Kontingenzlücke der persönlichen Existenz zu schließen...

In dem antireligiösen Widerspruch, wie er im Marxismus formuliert wird, bleibt der Mensch hoffnungslos in den materialistischen Grundbestimmungen stecken, die da lauten: er ist ein Aggregat im Stoffwechselhaushalt der Natur; – für die Energiebilanz der Natur ist er eine bloße Verrechnungseinheit; und auch die menschliche Geschichte ist in ihrem 'Anderssein' nur die Sammlung all der Widersprüche, die im Kampf ums Dasein in der Natur selbst bereits enthalten sind...Glaube ist nicht eine romantische Illusion weltjenseitiger Zustände, er ist im Gegenteil die Entscheidung, in diesem Leben hier auf Erden, mit dem Blick auf die Wirklichkeit Gottes den Verlockungen der Selbstauslieferung an die verwaltete Welt der Wirtschaft und der organisierten Gewalt des Staates zu entsagen... Die Synthese einer Freiheit in Ungerechtigkeit, wie sie der Kapitalismus gebiert, und einer Unfreiheit in Gerechtigkeit, wie der Sozialismus sie bietet, setzt einen Menschen voraus, der in persönlicher

Freiheit zu Selbstbeschränkung und Solidarität imstande
und bereit ist. Eine solche Synthese ist das wahre
Angebot der Religion, insbesondere des Christentums."
(22)

Gott ist dem Menschen unsagbar nahe

"Wenn alle Versuche, das einzig Wichtige... aus dem
Grund des Herzens auszugraben, gescheitert sind und es
immer wieder am Ende sich herausstellt, dass das
Gefundene - der Mensch ist, der sich auf die Dauer nicht
anbeten kann, weil dieser Gott doch zu armselig ist, dann
sagt das Wort Gottes... Zutiefst in den Abgründen des
Menschen lebt ... Gott... wirklich Er selbst, ...jene
Unendlichkeit, die uns sowohl befreit von der
versklavenden Gewalt der menschlichen Seelenmächte
(die, in sich endlich, uns in ihrer hungernden Unersätt-
lichkeit eine Unendlichkeit nur vorlügen) als auch erhebt
über die im letzten doch kümmerlichen Maße eines
harmonischen Humanismus, in dem alles so geformt
wird, dass es enge wird, erhebt auch über die einzige
Unendlichkeit, die ein Mensch mit ein bisschen Schein
von Wahrheit für sich in Anspruch nehmen kann: Die
Unendlichkeit seiner Ohnmacht und seiner Endlichkeit."
(23)

Der gottgeliebte Mensch

„Die Caritas…sucht … jeden Menschen, ihn… den gottgeliebten, den Menschen der ewigen Bestimmung; sie ist eine Liebe, der es nicht verwehrt sein darf, im Menschen unendlich mehr zu sehen als einen bloßen Menschen, sie ist eine Liebe, die den Menschen mit den Augen der Weisheit Gottes und der Liebe des Heiligen Geistes anschaut, die Liebe, die die schöpferische Herablassung Gottes mitvollzieht. Dieser Verband kann darum nie von seinem religiösen Ursprung und seiner christlichen Wurzel losgerissen werden, er kann nicht anders als mitarbeiten wollen an dem Heil des ganzen und einen Menschen in Gott, er kann sich nicht einschließen lassen in bloß irdisch soziale Fürsorge; *das Leitbild seiner Fürsorge und seines Schutzes, das Besorgte und Behütete ist der Mensch der Unsterblichkeit…*" (24)

Strukturen geistlicher Existenz

„Der erste und fundamentale Leitgedanke baut auf den Satz auf: „Du hast mich ergriffen, nicht ich habe dich begriffen". *Daraus dürfen wir schließen, dass wir mehr sind, als wir ahnen können, und dass die große Tat unseres Lebens nur die sein kann, uns selbst anzunehmen* und dass „wer Gott lieben will, ihn schon liebt". Der zweite Grundzug …(des) geistlichen Lebens bewegt sich um die Liebe zum Alltag und zum Gewöhnlichen, darin sich die Sternstunden verbergen, sowie um die Geduld mit unseren Mitmenschen. Eine dritte Perspektive kehrt zum Anfang zurück mit dem Erkennen der *Würde des*

Gebetes als der einzig gemäßen menschlichen Sprache mit Gott. Es folgen eine Auslegung des Glaubens als eines Glaubens in der Kirche und zuletzt eine Betrachtung über das Unerlässliche unseres „Kniens vor dem gebenedeiten Kreuz". (25)

Glaube und Leben

„Wenn Glaube wieder glaubhaft werden soll, dann nur, indem man ihn vom Leben her begründet…Die Umkehrung der ganzen Strömungsrichtung, die Ahnung wenigstens vom Ort des eigenen Ursprungs sowie die Sehnsucht nach der Heimat, die so weit entfernt liegt und aus der doch alles Leben über das Meer der Zeit herüberweht – in solchen Bildern lässt sich wohl beschreiben, was es heute heißt, ein Christ zu sein." (26)

Der „Wettlauf" um den Menschen

„Es findet wie ein Wettlauf statt, wer wirksamer und tiefer diese Freiheit verstehen und durchsetzen kann. Der Atheismus ist ganz mit diesem Thema beschäftigt: Befreiung der Vernunft von den Fesseln des Glaubens (Aufklärung), Befreiung des wirtschaftlich versklavten Menschen zu menschenwürdiger Arbeit (Marx), Befreiung des Individuums von den Ketten seiner unbewältigten Vergangenheit (Freud), Befreiung der gesamten Menschheit vom Alpdruck eines nicht mehr geglaubten, als Leiche in der Weltgeschichte mitgeschleppten Begriffes Gott (Nietzsche)"... Dort erübrigt sich auch die Angst vor der Provokation durch atheistische Freiheitsentwürfe. Denn sie alle stehen schließlich mit den Christen zusammen in der gleichen Provokation durch die Weltwirklichkeit selbst…und können ihr nur mit einer diese Wirklichkeit transzendierenden Utopie begegnen. Nie wird innerweltlich das Herr – Knecht – Verhältnis völlig aufhebbar sein (Marx), nie wird der Mensch seinen Ursprung völlig einholen und verarbeiten (Freud), nie wird er als ‚Übermensch' der vollkommen Schenkende, sich niemandem Verdankende sein (Nietzsche). Nie wird in dieser Welt der Mensch den wahrhaft freien ‚homo absconditus' (Bloch) aus sich selber heraus zaubern oder eine aggressionslose Natur (Marcuse) konstruieren können. Der christliche Freiheitsentwurf ist doch größer als alle diese Entwürfe, da er die Freiheit zum Tode nicht nur (mit der Stoa und Buddha) einholt, sondern sie überholt im freien Glauben Christi, dass Gott ihn, den ganzen Menschen – mit seinen Brüdern, mit Geschichte und Kosmos – ins Heile heben wird am ‚dritten Tag'." (27)

Veräußerlichung des Kirchenverhältnisses

"Die Veräußerlichung des Kirchenverhältnisses für eine überwiegende Zahl von Kirchenmitgliedern, wie es für lange Jahrhunderte feststellbar ist, kann daher nur als eine Verdunkelung des Eigentlichen und Ursprünglichen angesehen werden, ihre Überwindung als das Hinausschaffen eines Fremdkörpers." (28)

Der Mensch ohne Gott

„...So reden sie und werden weiter so reden. Werden im Katastrophengebiet Menschheit mit und gegeneinander vielerlei gezielte Bergungsaktionen planen. Das sollen sie tun, und lieber mit – als gegeneinander. Aber die fürchterliche Frage: Wozu das alles, wird immer lauter werden, je mehr die kleine Kugel, auf der wir gefangen stehen, von wimmelnden Massen überläuft und tolle Erfindungen ihnen Macht geben über ihr eigenes Sein und Nichtsein und über Sein und Nichtsein der Kugel. Schließlich kann der Dialog der Menschen untereinander nur noch innerhalb der Gefängniszelle erfolgen, auf der das Humanum steht. Dann wird eigentlich der Gedanke, die anderen seien die Hölle, überholt sein durch die Erfahrung, dass wir uns alle gegenseitig und somit jeder sich selber die Hölle ist. Das, womit man auf keinen Fall auskommen kann, es sei denn aus Trotz und Zynismus. Humanität ist dann Kollektivegoismus und Liebe natürlich Sex. Und die Rotationswalze des allgemeinen Dialogs steht still, weil jeder immer schon weiß, was überhaupt gesagt werden kann, vom Lao zu Mao, und die fetteste Schlagzeile kein Blickfang mehr ist. Jeder wird eines jeden Feind sein, deshalb, weil keiner sich selber mehr Freund sein kann. Ob man auf der Flucht vor dem Feind in sich selbst dann zur Droge oder zum Nächsten greift, ist unerheblich; ein Erwachen bei sich ist unvermeidbar, ob man sich nun einsam wiederfindet oder, was vielleicht schlimmer ist, im Spiegel des Du, zu dem man vor sich floh. Machen wir einmal mehr Gott zum Lückenbüßer? Schwerlich, wo es nicht darum geht, Löcher zu stopfen, die der Mensch mit der Zeit selber stopfen lernen könnte. Nein: Der Mensch selber ist Loch und Abgrund. Er selbst ist die hoffnungslos abgebrochene Kommunikation, er selbst hinter dem ohrenbetäubenden Getöse, das er dialogisch vollführt, die Totenstille. Die ganze Frage ist, ob jemand hier, in diesem eisigen Schweigen unterhalb des Lärms, noch ein Wort weiß." (29)

Der Mensch als Partner Gottes

„Inmitten der nahen Unbegreiflichkeit Gottes zu wohnen, von Gott selbst so geliebt zu werden, dass die erste und letzte Gabe die Unendlichkeit und Unbegreiflichkeit selber ist, das ist erschreckend und selig zumal. Aber wir haben keine Wahl. Gott ist mit uns." (30)

Liebe und Hass

Die Liebe macht das Herz ruhig und freudig weit, macht es lebendig, während der Hass es quälend verengt und beunruhigt. Wer andere hasst, der quält und tyrannisiert sich selbst – er ist der Dümmste der Dummen.
Wenn der Teufel in unsren Herzen ist, dann ist eine ungewöhnliche mörderische Schwere und ein sengendes Feuer in unserer Brust und unsrem Herzen, die Seele ist ungewöhnlich beengt und verdunkelt, alles reizt sie, gegenüber jedem guten Werk fühlt sie Widerwillen; Worte und Handlungen anderer missdeutet sie im Hinblick auf sich selbst und sieht in ihnen gegen sich selbst, gegen ihre Ehre gerichtete böse Absichten, und

48

fühlt deshalb ihnen gegenüber einen tiefen mörderischen Hass, gerät in rasendem Zorn und brennt auf Rache. „An ihren Früchten werdet ihr sie erkennen (Matth. 7:20). Es gibt Tage, da mich der böse Geist in Bedrängnis bringt. Weiterhin liebt jeden Menschen wie euch selbst, d. h. wünscht ihm nichts, was ihr euch selbst nicht wünscht; denkt, fühlt für ihr so, wie ihr für euch selbst denkt und fühlt, wünscht nicht, in ihm etwas zu sehen, was ihr in euch selbst nicht sehen möchtet, euer Gedächtnis möchte nicht das Böse behalten, das euch von andren zugefügt wurde, gleich wie ihr wünscht, dass das andren von euch zugefügte Böse vergessen sein möchte. …
Du hasst deinen Feind? Du bist dumm. Weshalb? Weil, wo der Feind dich schon bedrückt, du dich außerdem noch selbst innerlich bedrückst, denn, sag, ist es nicht Bedrückung nicht die allergrößte Bedrückung – sich selbst durch Hass gegenüber dem Feind zu quälen? Liebe deinen Feind – und du bist weise.

Johannes von Kronstadt (31)

Gedanken zum "Vater-unser"

*„Vater unser im Himmel,
geheiligt werde DEIN Name,
DEIN Reich komme,
DEIN Wille geschehe,
wie im Himmel, so auf Erden.
Unser tägliches Brot gib uns heute,
und vergib uns unsere Schuld,*

wie auch wir vergeben unseren Schuldigern.
Und führe uns nicht in Versuchung,
sondern erlöse uns von dem Bösen.

Denn DEIN ist das Reich und die Kraft und die
Herrlichkeit in Ewigkeit. Amen.

Wofür wir leben? Für den **Vater,** für **seinen heiligen Namen** – und darum für den guten Namen all derer, die er aus Liebe erschaffen hat, damit sie seine Söhne und Töchter seien, seinen Namen erben. Für **sein Reich, das kommen wird** und das schon jetzt anbricht, wo wir nicht angsthaft um *unsere* Zukunft, sondern um *Gottes* Zukunft für alle besorgt sind. Für **seinen Willen,** der allein unseren eigenen Willen heilt und erfüllt, frei macht für sich und stark macht, das Gute für alle zu wollen. Für unser Heute und aller Morgen, für das **Brot,** das er uns gibt, damit wir es teilen. Für Friede und Versöhnung, für **gegenseitige Vergebung** und immer neuen Anfang. Für die Treue, für die Überwindung aller Bedrängnis und **Versuchung** in der Kraft, die Gott uns gibt, im Zeichen des Kreuzes seines Sohnes. Für **Erlösung** und Befreiung, die nicht unser Werk sind, sondern unsere Hoffnung, Hoffnung aber, die uns fähig macht zur Tat und zum Dienst. Leben für den, der für uns ist, der für alle ist. Und wenn Gott selbst für uns ist, wer ist dann gegen uns? (vgl. Röm 8,31)" (32)

Klaus Hemmerle

Aus dem Islam

In der islamischen Terminologie wird grundsätzlich zwischen zwei Arten von Gebeten unterschieden: „ṣalāt" und „duʿā". Während das arabische Wort „ṣalāt" mit dem Begriff „rituelles Gebet" übersetzt werden kann, ist „duʿā" eher mit dem im Christentum üblichen „Bittgebet" vergleichbar.
Das rituelle Gebet „ṣalāt" stellt eine Säule des Islam dar und ist daher eine Pflicht, wenn möglich in der Moschee und in der Gemeinschaft. Während das rituelle Gebet „ṣalāt" nach Form, Art und Gebetszeiten festgelegt ist und in Arabisch verrichtet wird, ist hingegen das Bittgebet „duʿā" formlos und zu jeder Zeit und überall möglich, auch in der eigenen Muttersprache.
Obwohl Allah durch Bittgebete anzurufen keine Verpflichtung ist, ermutigt Er den Gläubigen, viele Bittgebete zu sprechen und Seiner zu gedenken: „Und wenn dich Meine Diener über Mich befragen, so bin Ich nahe; Ich höre den Ruf des Rufenden, wenn er Mich ruft..." (Qur'ān 2:186). Daher hat Allah unter den 99 schönsten Namen auch das Attribut „as-Samī", „Der Erhörende". Allah ist gewiss der Sich Selbst Genügende („aṣ-Ṣamad"), der Mensch aber bedarf Seiner ganz und gar. Somit ist das Gebet insgesamt nicht einfach nur Pflicht oder Kür sondern ein Grundbedürfnis, bei dem es möglich ist, sich mehrmals täglich für einige Minuten zu besinnen und innere Ruhe zu finden.

Bittgebet aus Qur'ān und Sunna

„In der Schöpfung der Himmel und der Erde und in dem Unterschied von Nacht und Tag liegen wahrlich Zeichen für diejenigen, die Verstand besitzen, die Allahs stehend, sitzend und auf der Seite (liegend) gedenken und über die Schöpfung der Himmel und der Erde nachdenken: "Unser Herr, Du hast (all) dies nicht umsonst erschaffen. Preis sei Dir! Bewahre uns vor der Strafe des (Höllen)feuers. Unser Herr, gewiss, wen Du ins (Höllen)feuer eingehen lässt, den hast Du (damit) in Schande gestürzt. Und die Ungerechten werden keine Helfer haben. Unser Herr, gewiss, wir hörten einen Rufer, der zum Glauben aufrief: 'Glaubt an euren Herrn.' Da glaubten wir. Unser Herr, vergib uns unsere Sünden, tilge unsere bösen Taten und berufe uns ab unter den Gütigen. Unser Herr, und gib uns, was Du uns durch Deine Gesandten versprochen hast, und stürze uns nicht in Schande am Tag der Auferstehung. Gewiss, Du brichst nicht, was Du versprochen hast." Da erhörte sie ihr Herr: "Ich lasse kein Werk eines (Gutes) Tuenden von euch verloren gehen, sei es von Mann oder Frau; die einen von euch sind von den anderen. ..."(Qur'ān 3:190-195). (1)

O Allah, du bist mein Herr, es gibt keine Gottheit außer Dir. Du hast mich erschaffen, und ich bin Dein Diener. Und ich halte, was ich Dir gelobt und Dir versprochen habe, so gut ich kann. Ich suche Zuflucht bei Dir von dem Übel, das ich tat. Ich erkenne Deine Gaben für mich an und ich erkenne meine Sünden an. So vergib mir, denn niemand vergibt Sünden außer Dir.

O Allah, gepriesen und gedankt bist Du.

O Allah, du kennst unsere Lage am besten und Du kennst unsere tiefsten Geheimnisse und Absichten, O Allah, wir bitten Dich unsere Fehltritte zu verzeihen und unsere Sünden zu vergeben.

O Allah, lasse uns die Wahrheit als Wahrheit erkennen und ihr folgen und die Falschheit als Falschheit erkennen und uns von ihr entfernen!

Dein Name ist Gerechtigkeit: O Allah, lass Deine Barmherzigkeit Deiner Gerechtigkeit obsiegen und beleuchte allen Menschen den Weg zu Dir!

O Allah, du bist das Licht, lasse Dein Licht unsere Herzen überströmen und innewohnen, damit wir, immer Deine Nähe spüren, denn nur so können wir Ruhe und Glück erleben.

O Allah, ich bitte Dich um Vergebung und Wohlbefinden im Diesseits und im Jenseits. O Allah, ich bitte Dich um Vergebung und Wohlbefinden in meiner Religion, meinem Diesseits, meiner Familie und meinem Vermögen. O Allah, bedecke meine Schwächen und beruhige meine Ängste. O Allah, bewahre mich vor dem, was vor mir ist, was hinter mir ist, was zu meiner Rechten, was zu meiner Linken und was über mir ist. Ich suche Zuflucht bei Deiner Erhabenheit vor plötzlichem Unheil unter mir.

O Allah, segne unseren Propheten Muḥammad, seine Familie, seine Gefährten und all diejenigen, die seinem Weg auf bester Art und Weise folgen. (2)

Weisheit: Dein Verstand ist unentbehrlich!

Imām Abū al-Ḥāmid al-Ġazālī (17. Jahrhundert), ein Islamischer Gelehrter, schrieb in seinem Buch Miʿrāğ As-Sālikīn:

„...Wenn du das Wahre durch die Menschen erkennst, ohne auf deine eigene Intelligenz zu vertrauen, dann ist dein Bemühen vom richtigen Weg abgewichen. Der Wissende ist wie die Sonne oder wie die Lampe, er gibt das Licht. So sieh mit deinen Augen. Wenn du blind bist, ist für dich die Lampe und die Sonne ohne Nutzen. Und wer sich zur Nachahmung entschließt, begibt sich mit Sicherheit in Gefahr." (3)

Zum Nachdenken: Allah wird uns nicht fragen

Allah wird uns nicht fragen, was für ein Auto wir gefahren haben, aber er wird uns fragen, wie viele Menschen, die keine Fahrmöglichkeit hatten, wir gefahren haben.

Allah wird uns nicht fragen, wie viel wir verdient haben, aber er wird uns fragen, was wir getan haben, um an diesen Verdienst zu gelangen und zu welchen Zwecken wir es ausgegeben haben.

Allah wird uns nicht fragen, wie groß unser Haus gewesen ist, aber er wird uns fragen, wen wir in unsere Wohnung willkommen geheißen haben.

Allah wird uns nicht fragen, wie kostbar unsere Kleidung im Schrank war, aber er wird uns fragen, wem wir von den Bedürftigen mit unserer Kleidung geholfen hatten.

Allah wird uns nicht fragen, welchen Reichtum wir besessen haben, aber er wird uns fragen, ob wir diesen Reichtum zum Wohle der Menschen eingesetzt haben.

Allah wird uns nicht fragen, welche Verantwortung wir in unserem Beruf gehabt haben, aber er wird uns fragen, ob wir dieser Verantwortung gerecht wurden.

Allah wird uns nicht fragen, was wir getan haben, um uns selber zu helfen, aber er wird uns fragen, was wir getan haben, um anderen zu helfen.

Allah wird uns nicht fragen, wie viele Freunde wir hatten, aber er wird uns fragen, für wie viele Menschen waren wir ein echter Freund.

Allah wird uns nicht fragen, was wir zum Schutz unserer eigenen Rechte getan haben, aber er wird uns fragen, was wir zum Schutz der Rechte anderer getan haben.

Allah wird uns nicht fragen, in welcher Nachbarschaft wir gelebt haben, aber er wird uns fragen, wie unser Verhältnis zu den Nachbarn war.

Allah wird uns nicht fragen, welche Hautfarbe wir haben, aber er wird uns fragen, wie stark unser Charakter war.

Allah wird uns nicht fragen, wie oft wir unser Versprechen gehalten haben, aber er wird uns fragen, wie oft wir es gebrochen haben (4)

Bittgebet

O Allah, gepriesen und gedankt bist Du.

O Allah, du kennst unsere Lage am besten und Du kennst unsere tiefsten Geheimnisse und Absichten, O Allah, wir bitten Dich unsere Fehltritte zu verzeihen und unsere Sünden zu vergeben.

O Allah, lasse uns die Wahrheit als Wahrheit erkennen und ihr folgen und die Falschheit als Falschheit erkennen und uns von ihr entfernen!

Dein Name ist Gerechtigkeit: O Allah, lass Deine Barmherzigkeit Deiner Gerechtigkeit obsiegen und beleuchte allen Menschen den Weg zu Dir!

O Allah, du bist das Licht, lasse Dein Licht unsere Herzen überströmen und innewohnen, damit wir, immer Deine Nähe spüren, denn nur so können wir Ruhe und Glück erleben. O Allah, segne unseren Propheten Muḥammad, seine Familie, seine Gefährten und all diejenigen, die seinem Weg auf bester Art und Weise folgen.

Amen. (5)

Gebet um Liebe zu Allah und dem Nächsten

Im Namen Gottes, des Erbarmers, des Allmächtigen!

O Du Wunsch der Herzen der Sehnsüchtigen
Und höchste Hoffnung der Liebenden,
ich bitte Dich, gewähre mir die Liebe zu Dir,
die Liebe zu jedem, der Dich liebt und die Liebe zu jeder Tat,
die mich in Deine Nähe bringt.
Mache Dich mir zum Liebsten vor allem anderen,
und lasse mich durch meine Liebe zu Dir zu Deinem Wohlgefallen gelangen
und mich durch meine Sehnsucht nach Dir vor Ungehorsam Dir gegenüber schützen.
Erweise mir die Gnade, Dich zu schauen,
und schaue mich mit Liebe und Wohlwollen,
wende Dein Antlitz nicht ab von mir,
und mache mich zu einem derer,
die Glück und Gedeihen bei Dir gefunden haben.

O Du Erwiderer,
o Du Barmherzigster aller Barmherzigen! (6)

Der größte Kampf

„Bei der Seele und bei Dem, Der sie bildete. Und ihr ihre
Schlechtigkeit ebenso eingab wie ihre Gottesfurcht. Wohl
ergeht es dem, der sie läutert." (Qur'an, 91: 7-9)

Imām Ga'far aṣ-Ṣādiq (a) sagte: "Der Prophet (s) Gottes
entsandte ein Armeeaufgebot an die Kampffront. Bei
ihrer erfolgreichen Heimkehr, sagte er (s): 'Gesegnet
seien diejenigen, welche den kleinen Dschihad ausgeführt
haben und nun den großen Dschihad zu vollziehen
haben' Als sie fragten, 'Was ist der große Dschihad?'
antwortete der Prophet (s): 'Der Dschihad des Selbst
(Gihād an-nafs – Kampf gegen das Selbst)' ". (7)

Denn: Die Seele des Menschen ist der Schauplatz eines
Kampfes zweier streitender Kräfte. Göttliche Macht zieht
ihn zu himmlischen Sphären und inspiriert ihn zu Handlungen der Güte. Satanische Kräfte locken ihn ins Reich
der Dunkelheit und Schande und ermuntern ihn, Böses zu
tun. Wenn die göttlichen Mächte siegreich sind, ent-
wickelt sich eine Person zu einem Rechtschaffenen und
Gesegneten in einer Reihe mit Propheten, Heiligen und
Frommen. Wenn jedoch die satanischen Kräfte vorherr-
schen, wird die Person rebellisch, bösartig und gehört zu
den Ungläubigen, Unterdrückern, Übeltätern und zu

58

jenen, die verflucht sind. Das zeigt, dass dieser Kampf gegen das Selbst der weitaus schwerste ist gegenüber jeder anderen Art von Anstrengung, bedeutet er doch Besinnung, Einsicht, Wille, Selbstkritik, Selbstkonditionierung, Rechtleitung gegen das Übel und Rückbesinnung – jeden Tag und bis zum letzten Atemzug.

'Aṣabiyya (Vorurteil, z.B. Stammesdünkel, Rassismus, Nationalismus) - eine Krankheit der Seele

„O ihr Menschen, Wir erschufen euch aus einem Mann und aus einer Frau und machten euch zu Völkern und Stämmen, damit ihr einander kennen lernt. Doch der vor Allah am meisten Geehrte ist der Gottesfürchtigste unter euch. …" (Qur'ān, 49:13)

Imām 'Alī bin al-Ḥusayn (a) wurde über 'aṣabiyya gefragt. Er (a) antwortete: „'Aṣabiyya,, welche eine Person sündig werden lässt, ist, wenn er die übelsten Taten seines Volkes (oder Stammes) für besser hält als die besten Taten des gegnerischen Stammes. 'Aṣabiyya ist es nicht, sein Land zu lieben. Wenn jemand aber sein Volk bei Unterdrückung hilft, dann ist es 'aṣabiyya." (8)

'Aṣabiyya ist ein innerer psychischer Wesenszug, der sich manifestiert im Beschirmen oder Verteidigen von Seinesgleichen oder jener, mit denen eine bestimmte Art der Zuneigung oder Beziehung besteht, sei es im Glauben und religiöser Ideologie, für Land oder Heimat, Sprache oder Hautfarbe. Diese Zuneigung kann auch hinsichtlich des gleichen Berufs oder der Beziehung zwischen Lehrer und Schüler oder sonst etwas bestehen. Es ist eine moralische Untugend, die sich in Gestalt der Verteidigung von Wahrheit oder Religion äußert, aber in Wahrheit der Ausweitung eigener oder der Mitgläubigen, Verwandten, Freunden oder Gruppenmitgliedern Interessen zum Nachteil anderer dient.

good governance – gutes Regieren

„Lass dein Herz die Barmherzigkeit gegenüber den Untertanen fühlen sowie die Liebe und Freundlichkeit ihnen gegenüber, und stehe nicht über ihnen wie reißende Raubtiere, die ihre Nahrung erbeuten, denn sie sind von zweierlei Art: Entweder dein Bruder in der Religion, oder dir in der Schöpfung gleich." (9)

Der ausführliche Brief, aus dem diese Maxime stammt, geschrieben im Jahre 656 vom 4. Kalifen ʿAlī Ibn Abī Ṭālib an seinen Gouverneur in Ägypten, Mālik al-Aštar beinhaltet alles, was ein Regent wissen muss und was er tun und lassen soll. Bis heute gibt es keine Regierung auf der Welt, die auch nur ansatzweise diesen Grundsätzen im Brief entsprechen würde.

UN-Generalsekretär Koffi Annan erkannte im Jahre 2002 diese und weitere Aussagen aus dem Brief, welcher als einer der ersten Menschenrechtstexte eingestuft worden ist, als eine Quelle der Gesetzgebung für das Völkerrecht.
60

Im Arab Human Development Report 2002 des United Nations Development Programme (UNDP), werden die Prinzipien aus diesem Brief den arabischen Regierungen vor Augen geführt und zugleich als Wegweiser empfohlen.

Im Jahre 2018 gab der UN-Hochkommissar für Menschenrechte die Beiruter Deklaration und ihre „18 Verpflichtungen zum Glauben an Rechte" in Englisch, Französisch und Arabisch heraus, in denen ebenfalls Bezug genommen wurde auf den Brief.

Diese Art des Regierens hat Imām ʿAlī vom Propheten Muḥammad geerbt. Dieser sehr ausführliche Brief ist ein klarer Beweis dafür, dass die Regierungen heute allzu falsch handeln. Und wer behauptet, IS und andere Fanatiker würden nur tun, was der Qur'ān sagt, der sollte diesen Brief einmal gründlich lesen. Denn ʿAlī war nach dem Propheten der beste Kenner des Qur'ān. Und sein Denken und Handeln hatte immer nur eine Richtschnur: Den Qur'ān sowie die Worte und Taten des Propheten Muḥammad." (10)

40 Sünden der Zunge

Unsere Zunge ist gewissermaßen unser Ticket für Himmel oder Hölle. So kann man sich des Himmels versichern, wenn man nur folgende Dinge unterlässt:

01. Lügen,

02. Unterstellung,

03. Lästern,

04. Spotten,

05. bissige Bemerkungen,

06. Schimpfen,

07. Andere entehren bzw. blamieren,

08. Kränken

09. die Stimme anderer imitieren, um sie zu verhöhnen,

10. zu Unrecht tadeln,

11. Hochmütig sprechen,

12. das Gute verbieten,

13. Erneuerungen in der Religion,

14. Ungerecht urteilen,

15. Falschschwur und Meineid,

16. die Gläubigen (verbal) quälen,

17. sich mit Neid und Geiz ausdrücken,

18. Gereiztheit,

19. schlechte Ausdruckweise gegenüber Mitmenschen,

20. Unglaube und Götzendienst bestätigen,

21. verbale Gewalt,

22. Andere bemäkeln,

23. Verhöhnen,

24. Petzen,

25. Gemunkel (Gerüchte verbreiten),

26. Andere entmutigen,

27. Andere mit Spottnamen rufen,

28. Schäkern mit Nicht-Maḥrams (Personen, die man heiraten könnte),

29. Katzbuckeln (Schmeichelei),

30. Heucheln,

31. Schlechtes gebieten,

32. Geheimnisse der Menschen preisgeben,

33. Falschaussage,

34. Falsches Versprechen,

35. ohne Wissen eine Nachricht verbreiten,

36. mit List sprechen (jemanden täuschen),

37. unzeitig schreien,

38. oft scherzen,

39. Verzerrung der Religion,

40. die Mitmenschen verfluchen

Geduld eine Tugend?!

Bei der Zeit! (1) Der Mensch befindet sich wahrlich in Verlust, (2) außer denjenigen, die glauben und rechtschaffene Werke tun und einander das Richtige eindringlich empfehlen und einander die Geduld eindringlich empfehlen. (3) *Qur'ān (Sure 103)*

Allah schwört bei der Zeit, damit den Menschen bewusst wird, dass sie eigentlich nur aus Zeit bestehen, nämlich aus zählbaren Tagen. Wenn ein Tag vergeht, so wird der Mensch einen Tag weniger. Und das ist wohl die Erklärung dafür, dass sich der Mensch nur in Verlust befinden kann, es sei denn, dass er zu denen gehört, welche ihre Lebzeiten mit rechtschaffenen Werken verbringen und sich einander empfehlen, das Richtige zu tun und sich in Geduld zu üben. Diese Menschen befinden sich nicht in Verlust, sie machen stattdessen Gewinn, weil ihr Leben einerseits nicht mit dem Tod endet, sondern sie setzt sich durch ihre guten Werke in der Gesellschaft fort und andererseits weil sie von Allah großzügig belohnt werden.

Die folgende Anekdote ist ein mahnendes Beispiel für Ungeduldige (von Heinrich Spoerl – 1887-1955)

„Es war einmal ein junger Bauer, der wollte seine Liebste treffen. Er war ein ungeduldiger Geselle und viel zu früh gekommen. Und verstand sich schlecht aufs' Warten. Er sah nicht den Sonnenschein, nicht den Frühling und die Pracht der Blumen. Ungeduldig warf er sich unter einen Baum und haderte mit sich und der Welt. Da stand plötzlich ein graues Männlein vor ihm und sagte: „Ich weiß, wo dich der Schuh drückt. Nimm diesen Knopf und nähe ihn an dein Wams. Und wenn du auf etwas wartest und dir die Zeit zu langsam geht, dann brauchst du nur den Knopf nach rechts zu drehen, und du springst über die Zeit hinweg bis dahin, wo du willst." Er nahm den Zauberknopf und drehte: und schon stand die Liebste vor ihm und lachte ihn an. Er drehte abermals: Und saß mit ihr beim Hochzeitsschmaus. Da sah er seiner jungen Frau in die Augen: Wenn wir doch schon allein wären… Wenn unser neues Haus fertig wäre… Und er drehte immer wieder. Jetzt fehlen uns noch die Kinder und drehte schnell an dem Knopf. Dann kam ihm neues in den Sinn und konnte es nicht erwarten. Und drehte, drehte, dass das Leben an ihm vorbei sprang, und ehe er sich's versah, war er ein alter Mann und lag auf dem Sterbebett. Und merkte, dass er schlecht gewirtschaftet hatte. Nun, da sein Leben verrauscht war, erkannte er, dass auch das Warten des Lebens wert ist. Und er wünschte sich die Zeit zurück."

Und wenn er an den Knopf nicht gedreht hätte, dann lebten sie noch heute. (11)

Warnung vor Missbrauch der Schrift

Im Qur'ān werden die Menschen vor dem Missbrauch der Schrift ausdrücklich gewarnt – ein einmaliger Vorgang in einer heiligen Schrift, der aktueller nicht sein kann:

66

„Er ist es, Der dir das Buch herabgesandt hat. Es enthält eindeutige, grundlegende Verse, die den Kern des Buches bilden, und Verse, die verschieden gedeutet werden können. Diejenigen aber, die im Herzen abwegige Absichten hegen, befassen sich vorrangig mit den nicht eindeutigen, mit der Absicht, Verwirrung zu stiften und eigene Deutungen zu entwickeln. Die einzig richtige Deutung weiß nur Gott allein. Diejenigen aber, die über tiefgreifendes, fundiertes Wissen verfügen, bekennen: "Wir glauben (uneingeschränkt) daran. Alles (‚was der Qur'ān enthält,) ist von Gott, unserem Herrn." So denken nur die, die sich ihres gesunden Verstandes bedienen. (Qur'ān 3:7) “

Daraus lässt sich schlussfolgern, dass nicht der Qur'ān, nicht der Islam Ursache von Problemen und Exzessen unserer Welt sind, sondern das Handeln von Menschen. Es ist, wie kann es eigentlich anders sein, immer wieder der Mensch selbst, der Probleme verursacht. Und genau dieser versucht sich aber immer wieder seiner eigenen Verantwortung zu entziehen, indem er die Schuld an seinem Tun anderen zuweist. Und das erleben wir heute in Bezug auf den Islam in der Weise, dass der Islam als Glaube, der Qur'ān als Schrift, der Prophet als Gesandter Gottes, welcher vor allem Mahner war, und die Muslime insgesamt verantwortlich gemacht werden mit immer demselben Ziel: Von der eigenen Verantwortung ablenken und eigenen Gelüsten Vorschub zu leisten.

Anmerkungen und Quellennachweis

Aus dem Judentum

(1) aus Prikej Awot/Sprüche der Väter 1:11

(2) Aus dem Heft Der erste Schritt von Samson Raphadin Hirsch „Wenn jemand denkt"aus babylonischem Talmud mJona 8..9

(3) Sprüche der Väter 3. Kapitel Zitiert nach Jüdischer Glaube Sammlung Dieterich Leipzig 1992 S.31

(4) Sprüche der Väter Kap. 4 zitiert nach (3) S. 32-33

(5) Sanhedrin 912 b zitiert nach (3) S. 47/48

(6) Zitiert nach (3) S. 68

(7) Nidda 16b zitiert nach (3) S. 42

(8) Berrachot 72 zitiert nach (3) S. 43

(9) Hermann Cohen jüd. Philosoph (1842 – 1918) zitiert nach (3) S. 417/418

Aus dem Christentum

(1) Karl Rahner „Gebete des Lebens", Freiburg-Basel-Wien 1984 S. 165

(2) Karl Rahner „Gebete des Lebens", Freiburg-Basel-Wien 1984 S. 169

(3) Jörg Zink- evangelischer Theologe, Pfarrer, Publizist, Sprecher der Friedens- und Ökologiebewegung – "Wie schön, dass du mich siehst" – Psalm 139, Meditation nach Jörg Zink, EFGG Erkelenz, 9. Oktober 2014

(4) Nikolaus Schwerdtfeger „Theologie aus Erfahrung der Gnade", Hildesheim, 1994, S. 91

(5) Zitiert nach Walter Nigg „Gebete der Christenheit", Agentur des Rauhen Hauses Hamburg 1960, S. 70

(6) Zitiert nach Walter Nigg „Gebete der Christenheit", Agentur des Rauhen Hauses Hamburg 1960, S. 71

(7) Das Leben der Gemeinde" - Römer 12,9-21 aus Lutherbibel für Dich, Die Bibel nach Martin Luthers Übersetzung, Lutherbibel revidiert 2017, Deutsche Bibelgesellschaft

(8) Zitiert nach Walter Nigg „Gebete der Christenheit", Agentur des Rauhen Hauses Hamburg 1960, S. 69

(9) zitiert nach 128. Rundbrief Communität Christusbruderschaft Selbitz, Herbst 2017, S. 49

(10) Nach der Zerstörung der Kathedrale von Coventry (Großbritannien) am 14./15.November 1940 durch deutsche Bombenangriffe ließ der damalige Dompropst Richard Howard die Worte „Vater vergib" in die Chorwand der Ruine meißeln.
Diese Worte bestimmen das Versöhnungsgebet von Coventry, das die Aufgabe der
Versöhnung in der weltweiten Christenheit umschreibt. Das Gebet wurde 1958 formuliert und wird seitdem an jedem Freitagmittag um 12 Uhr im Chorraum der Ruine der alten Kathedrale in Coventry und in vielen Nagelkreuzzentren der Welt gebetet.
Deutsch | Nagelkreuzgemeinschaft in Deutschland e.V. www.nagelkreuz.org |

(11) Eine Initiative von Tomas Halik (Prag) und Paul M. Zulehner (Wien)

(12) Eugen Drewermann „Wir glauben, weil wir lieben", Ostfildern 2010, S. 188 f

(13) Eugen Drewermann „Strukturen des Bösen" III, Paderborn 1977/1978, S. XXIX

(14 Hans Urs von Balthasar „Herrlichkeit" – Im Raum der Metaphysik, Einsiedeln, 1965, S. 926f

(15) „Beten mit Karl Rahner" – Freiburg 2004, Band 1 „Von der Not und dem Segen des Gebetes" (Karl Rahner), S. 67 f

(16) Karl Rahner „Schriften zur Theologie" – Zürich-Einsiedeln-Köln 1972, Band X, S. 561

(17) Eugen Drewermann, „Das Wichtigste im Leben" – Ostfildern 2015, S. 95; (ursprünglich Markus II, 285 f)

18) Karl Rahner „Knechte Christi" – Freiburg-Basel-Wien 1967, S. 35

(19) Karl Rahner „Gegenwart des Christentums" – Freiburg-Basel-Wien 1963, S.51

(20) Karl Rahner „Schriften zur Theologie" – Einsiedeln-Zürich-Köln 1962, Band III, S. 460 f

(21) Karl Rahner „Strukturwandel der Kirche als Aufgabe und Chance" – Freiburg-Basel-Wien, 1972, S.94

(22) Eugen Drewermann "Von Krieg zu Frieden" – Kapital &Christentum 3, Ostfildern 2017, S. 354-363

(23) „Beten mit Karl Rahner", Band 1 „Von der Not und dem Segen des Gebetes", Herder, Freiburg, 2004, S. 71f

(24) Karl Rahner „Sendung und Gnade", Innsbruck-Wien-München, 1961, S. 421f – dritte durchgesehene Auflage, erste Auflage S. 425f – *kursiv RH*

(25) Robert Scherer über Karl Rahner in „Worte gläubiger Erfahrung", Freiburg-Basel-Wien 1985, Neuausgabe 2004, S. 12 – *kursiv RH*)

(26) Eugen Drewermann „Wendepunkte" – Ostfildern 2014, S. 39

(27) Hans Urs von Balthasar „In Gottes Einsatz leben" – Einsiedeln,1971, S.14/114

(28) Hans Urs von Balthasar „Schleifung der Bastionen" – Einsiedeln, 1952, S.79

(29) Hans Urs von Balthasar „In der Fülle des Glaubens" – Hans Urs von Balthasar Lesebuch, Freiburg-Basel-Wien 1980, S. 207

(30) Karl Rahner „Gebete des Lebens", Freiburg-Basel-Wien, Neuausgabe 1993, S. 12

(31) zitiert nach „Das Leben aus dem Geist III" Orthodoxe Zeugnisse über das geistliche Leben, Oekumenischer Verlag Dr. R. F. Edel Marburg (1981?) S. 179-180

(32) – aus Klaus Hemmerle "Gottes Zeit – unsere Zeit", München-Zürich-Wien 1995, S. 339

Aus dem Islam

(1) Qur'ān 3:7, aus: al-Muntakhab, Übersetzung von Dr. Moustafa Maher, al-Azhar Kairo 1999

(2) In Anlehnung an Ḥiṣn al-muslim min aḏkār al-kitāb wa as-sunna von Dr. Saʿīd ibn Wahf Al-Qaḥṭānī, erschienen in ar-Riyāḍ 1428 n.H. (2007)

(3) Aus: Abū al-Ḥāmid al-Ġazālī, Miʿrāg as-Sālikīn. Siehe hierzu auch: Mahmoud Zakzouk, Al-Ghazalis Philosophie im Vergleich mit Descartes, Frankfurt 1992, S. 35.

(4) http://www.dzemat.ch/index.php/de/homede/10-ueber-zentrum-Lehre -
Erstellt am Mittwoch, 15. Juni 2011 06:53

(5) Auszüge aus verschiedenen Broschüren mit Bittgebeten (2015 zusammengetragen)

(6) Auszug aus der (9.) „Anrufung der Gottliebenden" (Munāgāt al-Muḥibbīn), aus den 15 Anrufungen des Urenkels des Propheten Muḥammad, ʿAlī ibn al-Ḥusain ibn ʿAlī ibn Abī Ṭālib, genannt Zain al-ʿĀbidīn as-Saggād, aus der Gebetssammlung „Aṣ-Ṣaḥīfa al-Kāmila as-Saggādiyya" (Die vollkommenen Blätter des sich Niederwerfenden, auch „Psalmen des Islam" genannt), deutsche Übersetzung unter
http://www.mustahab.de/9-die-anrufung-der-gottliebenden-munajat-ul-muhibbin/]

(7) Al-Maǧlisī, Biḥār al-Anwār, Bd. 19, S. 182, Ḥadiṯ
Nr. 31

(8) Abū Gaʿfar Muḥammad ibn Yaʿqūb ibn Isḥāq al-
Kulaynī ar-Rāzī, Kitāb al-Uṣūl min al-Kāfī, Bd. 2, bāb
al-ʿaṣabiyya, S. 308f., Ḥadīṯ Nr. 7
(http://www.mezan.net/books/kafi/kafi2/html/ara/books/
al-kafi-2/119.html)

(9) Abū al-Ḥasan Muḥammad ibn al-Ḥusayn al-Mūsāwī,
Nahǧ al-Balāġa (Pfad der Eloquenz), hier aus dem 53.
Brief des 4. Kalifen ʿAlī ibn Abī Ṭālib an Mālik al-Aštar,
Gouverneur in Ägypten
(http://eslam.de/manuskripte/buecher/nahdsch-ul-
balagha/briefe/nahdsch-ul-balagha_53_brief.htm)

(10) • Šaih Muḥammad Sind al-Baḥrānī, Buḥūṯ maʿāṣira
fī as-sāḥa ad-dauliyya (Zeitgenössische Forschung in der
internationalen Arena), Qum 1428 S. 364f.;
• United Nations Development Programme (UNDP),
Arab Fund for Economic and Social Development, Arab
Human Development Report 2002, S. 107
(http://www.playandlearn.org/download/ahdr2002e.pdf)
• The Beirut Declaration and its 18 commitments,
United Nations Office of the High Commissioner for
Human Rights, Genf 2018, Nr. VIII, S. 28 (engl.). 33
(franz.), 37f. (arab.)
(https://www.ohchr.org/_layouts/15/WopiFrame.aspx?
sourcedoc=/Documents/Press/
21451/18CommitmentsonFaithforRights.docx&action=d
efault&DefaultItemOpen=1

(11) Heinrich Spoerl, „Der Mann der nicht warten wollte“, in: Marburger Zeitung, Jahrgang 83, Nr. 121/122,
1./2. Mai 1943, S. 8 (11) wie Anmerkung (1)

Danksagung:

Dem Erzbistum Hamburg, Flüchtlingsfond, dem Evangelisch-Lutherischen Kirchenkreis Mecklenburg und der Landeshauptstadt Schwerin, Fachstelle Integration, für die finanzielle Förderung.
Wir danken allen Förderern des Interreligiösen Dialogs der Landeshauptstadt Schwerin, insbesondere dem Bundesland Mecklenburg-Vorpommern und der Landeshauptstadt Schwerin.
Der Dank geht auch an alle Teilnehmerinnen und Teilnehmer des Interreligiösen Dialogs der Landeshauptstadt Schwerin, welche die Gebete und Meditationen aus dem Judentum, dem Christentum und dem Islam für dieses Büchlein zur Verfügung stellten.

Impressum:

Gebete und Meditationen – Beten in Gemeinschaft anderer Beter

Herausgegeben von Rainer Brunst und Rudolf Hubert

Satz: Hans-Jürgen Sträter

Foto Seite 6: privat
Foto Seite 9: Landeshauptstadt Schwerin.

Ausgabe vom 1. August 2022

ISBN: 9783756248858

Herstellung und Verlag: BoD - Books on Demand Norderstedt